이창봉 시집

위로慰勞

이창봉 시집

위로 慰勞

순수

◆ 시인의 말

시 그리고 위로

산 속에 꽃이 없다면 산은 더 메마르다. 꽃이 없는 산에 꽃을 심는 마음으로 매일 시를 쓴다. 그리고 매일 가슴에 깊이 품고 사는 종이꽃을 들여다 본다. 이 푸른 종이꽃이 어느 날 촉촉한 생화가 되어서 세상에 활짝 피어 나기를 소망한다. 그 소망이 시를 쓰는 이유다. 그런 시를 쓰는 덧없는 꿈이 나의 가난한 마음 속에 가득하다. 인생이 덧없다고 하는데 그래서 아마 시가 가장 인생을 닮아 있는 것 같다. 하지만 시를 쓸 때가 가장 행복하다. 어느 날 충만했던 마음이 시를 써서 비워질 때 이 땅에 다시 태어나는 기쁨을 가질 때가 있다. 그 시간은 세상의 빛이 스며들지 못한다.

오직 자연을 만나며 그 속에서 하나님이 가르쳐 주신 말을 들으며 옮겨 적는다. 세상의 거친 파도가 몰아치는 하루를 살아 내고 집에 돌아와 시를 쓴다. 그 시간은 세상에서 얻은 양식들을 뒤로 하고 영원한 밤의 에덴동산을 향해 떠나는 시간이다. 세상 옷을 입고 세상의 노래를 부르지만 어느 하늘을 맴도는 영혼이 따뜻한 육체를 만나서 와락 껴안는 시간이다. 한 시인의 노래처럼 시 한 방울이 인생 전체를 적시지 못하지만 시 한 방울이 없다면 삶은 더 목 마르리라. 21세기라는 황폐한 모래 사막을 건너며 낙타를 한 마리 키우는 일은 축복이다. 오아시스같이 시원한 시를 위해서 땅 속을 파는 삽은 얼마나 아름다운 노동인가. 노을이 지는 어느 들판에서 시를 줍는 사람들. 그 속에서 같이 노래하는 한 시인의 노래를 다시 듣는다. 자연을 사랑하는 감성이 없다면 무대 위에서 배우俳優는 책 읽듯이 연기를 하리라. 다시 시 속에서 사막을 건너는 노래를 부르며 종이 꽃을 품으며 걷고 있다. 세상에서 주저 앉아 울고 있는 사랑하는 그대에게 드릴 위로의 꽃을 키우며.

2023년 봄에
이창봉 李昌奉

| 목차 |

◆ 시인의 말 • 10
◆ 평설/윤석산 • 151

1부 밥은

밥은 • 21
파도의 생生 • 22
버거 집 엘레지 • 24
국화, 생生 • 26
이별과 익숙함의 사이에서 • 28
경동시장에서 • 30
어느 불면不眠 • 31
밤 풍경 • 32
액자 • 34
뒷모습 • 36
가을 바다에 가다 • 37

2부 바람의 애상

별 • 41
섬 월미도 • 42
노을 • 43
무창포에서 • 44
골목길 • 45
가을비 • 46
갈대 • 48
겨울 강 • 50
위로 • 52
바람의 애상哀傷 • 53
바다에서 • 54

3부 해당화 주변

세 가지 선물 • 59
축복 • 60
사라짐의 뒤편 • 61
바람의 자리 • 62
안개풍경 • 64

삼월 • 65

절제의 신호 • 66

천국의 메모 • 67

내 순서 • 70

꿈 속에서 • 71

어느 날 • 72

혼자 • 74

안개 도시 • 76

문화인생 • 78

보고싶다 비화悲花 • 80

대나무숲 • 82

낙엽 • 84

해당화 주변 • 85

게으름과 열정 사이 • 86

숯을 보며 • 88

살구꽃 • 90

4부 바람의 편지

해 달 별 편지 • 93

혀 • 94

늘 처음처럼 · 96

못질 · 97

겨울나라 · 98

벚꽃 · 100

바람의 꿈 · 102

기다림 · 103

상추 · 104

숨 · 105

꽃아 · 106

동백기차 · 107

퇴근 · 108

숯 · 110

시냇물 · 112

고목 · 114

녹綠 · 116

강 · 117

빨래 · 1 · 118

빨래 · 2 · 120

등 · 122

어머니의 등 · 124

겨울 강 · 2 · 126

5부 그리움이 희망에게

종鐘 • 131
그리움이 희망에게 • 132
들꽃아 • 134
이름 모를 나무 • 136
잠을 깨다 • 138
별 강 나무 그리고 꿈 • 140
바다와 눈물 • 142
이사 가는 날 • 144
닻을 내려라 • 146
눈물을 향하여 • 148
바람과 신발 • 150

1부

밥은

식구들에게 밥을 먹이기 위해서
나의 허기를 달래기 위해서
밥을 짓고
밥을 주고
밥을 걱정하고
밥의 안부를 묻는 마음은
이 세상에서 가장 근본적인 사랑이다

밥은

밥은
얼마나 아름다운 안부安否인가
수수깡처럼 마른 내 영혼을 깨운다
할머니
어머니
아내
내 밥 안부가 궁금해 물어 오면
밥을 먹지 않아도 힘이 난다
안부는 생명을 걱정하는 글
가까이 있어도 그게 늘 궁금해야 한다

파도의 생生

파도가
달려오며 하는 말이 설레고
가면서 하는 말은 슬프다

수없이 설레다 슬픈
내 인생의 모양 같다

수없이 세상을 들랑거리다
이제는 익숙해진 길
설렘도 슬픔도 매일 쓰는 일기 같다

그래도 나의 청춘은
아직도 그 길을 걷고 있지
파도가 치면
종로2가 뒷골목을 빠져 나와서
주머니에 욱여 넣었던
시를 꺼내 읽다 잠든다

시월의 꿈

바닷가 빈 집에서 살던
파도가 달려와서
시 한 줄 적시고
우주 속으로 떠난다

버거 집 엘레지

2021년 겨울
이발소 옆 버거 집에서 버거를 먹는다
상추와 새우 패티가 빵 사이에 끼어 있다
패티가 없었다면 이 버거는 얼마나 쓸모 없는가
마치 별이 없는 밤하늘처럼. 글과 글 사이에 한숨과
눈물이 끼어 있다.
내 인생에서 제일 허기졌던 한 시절도 거기 끼어 있다
버거를 한 입 베어 물면 배고픔이 한 입만큼 사라졌다
얼른 허기를 채우고 싶은 욕망과 빨리 충만을 누리고
싶은 욕심이 버거 집에 있었다

나는 허기와 충만 사이 어디쯤 걷고 있을까
생각한다. 버거 집을 들어서면 시계는 정확히
점심 시간을 가르키고
창문 밖에는 내 허기를 구경하는 사람들이 오고 간다
식사를 마치고 버거 집을 나서면 햇살이 무대 위
조명처럼 나를 비춘다 생각한다

하루 중 제일 소중한 한 시절을 그렇게도 빨리 들리고

돌아와서 누운 저녁.
브레히트의 시처럼 쉽게 쓴 시가 위로를 줄 때가 있다
쉽게 절망을 달래고 탈주한 청춘
버거 집에서 한 끼를 때우는 청춘
호프 한 잔으로 미개함을 달래던 일생
아 그 짧고 모자랐던 순간들이여
가장 가벼운 한 끼 아무리 먹어도 키는 크지 않는다

죽는 날까지 시를 쓰기로 다짐했던 짧고 가난했던
나의 청춘시절
성냥불처럼 켜고 꺼지는 길들
더듬거리며 찾아온 이발소 옆 버거 집

국화, 생生

가을 어느 날
정원에 꽃이 다 지고
잊혀질 때 즈음
그녀가 왔다
하얀 피를 흘리며
꽃이 피었던 자리에

달빛 아래
국화꽃 피는 소리
꿈을 향해 흔드는
깃발의 함성처럼
한 뼘 씩 자라는 꿈

어느덧 바람이 추워지면
나비는 발길을 끊고
국화꽃 지고 나면
세상은 조금 더 순결해 지리라

그녀가 떠나면

빈 들판 겨울이 찾아오고
살아갈수록 점점 겨울은 길다

새벽에 일어나서
다시 찾아 온다는
그녀의 약속의 말 들으려고

귀 열고
마음 열고
아주 작은 풀벌레, 바람소리도
하나씩 헤쳐 보고 있다

이별과 익숙함의 사이에서

집으로 가는 길
밖으로 나가 보지 않고 지나쳐 온
지하철 역 출구가 많다
내리지 않고 지나온 역에서
그리움을 닮은 사람은 내린다
뒷모습을 한참 쳐다보며
그가 내린 낯선 동네 풍경을 상상하다
머무르지 않고 지나온 길이 너무 많다
이 한가한 호기심
마음의 길을 잃어 버려도
전차는 늘 내가 내리는 역으로 달려가서
기어이 나를 내려 놓고 만다
낯설음을 만나지 않고 도착한 집은
얼마나 안락한가
이별하지 못하는 익숙함은
얼마나 위로가 되는가
내리지 않고
떠나 보내는 이별들
오늘밤도 나는 익숙한 섬 사이를 떠돌다

바람 속으로 사라져 버린다
그래서 도착한 허공이라는 역 1번 출구
내 집이 거기서 가깝다

경동시장에서

남의 짐을 지고 사는 김씨
21세기만 아니었다면
제 값을 부르고 살았을 텐데
공치는 날이 많지만
버릇처럼 지게를 메고 경동시장으로 온다

나도 그렇다 아무 일 없어도
내 길 잘 걷고 있는 지
버릇처럼 경동시장에 온다

길을 잃지 않기 위해서
어머니 손 잡고 걸었던
그 때가 그리워 경동시장으로 온다

겨우 시금치 한 단 사더라도
걷다가 때로는 길을 잃더라도
경동시장에 오면 밝아지는 마음
든든하고 따뜻했던 어머니 손
거기에 그 추억의 힘이 있다

어느 불면不眠

새벽에 잠이 깼다
도마 위 등 푸른 생선이 푸드득 몸서리치듯
아직 잊지 못할 한낮의 설렘이 잠을 흔든다
밤엔 스스로 침대에 나를 가두고
하루살이처럼 누웠다
불면은 그 죽은 사상을 흔들어 깨운다
까마득히 깊은 지하로 내려가
갱도에 갇힌 광부처럼
구조만 기다리는 생명을
건져 올린 그 힘은 무엇인가
그날 세상의 죄를 마저 회개하고
다시 잠들라는 신의 계시인가
무슨 죄 때문일까
궁금해서
뒷짐을 지고 꽃피는 사과나무 근처를 서성인다

밤 풍경

어둠이 쌓이면
달동네 집들이 불을 켜고서
창을 번뜩이며 하나 둘씩 나타난다

성뿔스러운 하루 일을 끝내고
돌아오는 가족들에게
길을 잃지 말라고 알려 주는 찬란한 등대처럼

사람들은 하루치 햇살 속에서
옥수수 수염처럼 자란 정신을 쓰다듬으며
한강 다리를 건너온다

당신의 못 이룬 꿈들이
포세이돈 기둥처럼
앙상히 서 있는 도시

수많은 빌딩들이 공룡처럼
등 뒤 어둠 속에 서 있다

목숨을 걸고 지켜온 집 한 채
이력서에 쓸 수 없는 그 숫자는
이 짧은 인생의 보상

멀리서 뜨는 별들도
저녁이 되니까 제자리에 와서 앉는다

매일 밑줄 치며 읽는 책처럼
달빛 아래서만 길을 잃지 않고 찾아가는
집, 밤

액자

청춘이 저물던 어느 날
지친 그림자를 끌고서
나를 욱여 넣었던 곳
한 글귀가 다스리는 나라로 떠났었지

내 스스로 걸어 들어가서
나를 묶고 포로가 되어
새우잠을 잤던 액자 속

마음의 감옥
그 곳에 갇혀서
허공에 무릎 꿇고 살았던 시간들
내가 나를 길들이며 살았던 시간들이 곰팡이처럼
자란 곳

겨울바다에 서면
파도가 꽁꽁 얼었던 내 청춘의 그림자를 이끌고
푸른 입김을 불며 달려오네

세상 끝 경계를 깨고
감옥을 부수고 달려가는
이 푸른 바다의 해방이여

뒷모습

여름 내내 바라보던
백일홍과 헤어져 섭섭한 마음
생각해 보니
그 꽃의 뒷모습은 다시 만나자는 약속이었구나
이제 꽃의 뒷모습 잊혀져
생각이 안 나
꽃이 있던 자리 가서 한참 보고 온다
꽃은 일생 웃으려고 태어나
다시 만날 약속으로 떠난다
늘 외로운 미소 짓는데
나만 이별하고 왔구나
꽃아
이별하지 않는 생을 가진 꽃아
부디 미소 짓는 나의 얼굴은 잊지 말아요

가을 바다에 가다

가을 바다
파도는 힘이 세다
수천만 년 전 어느 쓸쓸한
영혼까지 데리고 와서
쏴아악 풀어 놓네

해초海草조차 붙잡고 있던 손을 놓고
바람에 부유浮遊하네

세상 속에서
겨우 달래고 있었던
내 허전함을 기댈 섬 조차 하나 없네

순간 나를 보면 아네
홀로 견디는 것이 얼마나 영롱한지
멀리서 보면 그대는 얼마나 그리운 사람인지

바다가 아름다운 건
내 안의 남은 희망을 거기서 보기 때문인 거다

2부

바람의 애상哀傷

바람은 무심한 것 같지만
자세히 보면 사랑을 싣고 온다
그 느낌은
자연과 하나님의 축복이다

별

멀리 있어야 빛이 난다

소중한 것은 멀리 있다
그리움이 그렇다

그리움만이 가서 닿는 거리
손으로 잡으려 헤매던 청춘의 날들

멀리 떨어져
애타게 찾아 헤매던 그 꿈

광야에 어둠이 내리면
빛나지 않는 별이 어디 있으랴

이렇게 멀리 있어야 아름다운 거다

섬 월미도

나도 한 때는 그대의 섬이었다

파도 소리에 마음을 씻고
너의 섬에 민들레 씨를 날려 보내던
깊은 바다 속에 영혼이 떠돌던 섬

허공에 그의 이름만 떠돌던
시를 쓰지 않는 시인은
그의 이름을 불러도 뒤돌아보지 않는다.

꽃 바람 별들이
이름을 잊고 사는 시인에게 편지를 부친다
나의 옛집에 보내는 편지
기억이 나서 뜯어서 읽어 보는 어느 가을날 정오

노을

너를 바라보는
내 마음도 이렇게 아프다

내 눈물 들키지 않게
등불을 꺼도
노을 빛에 물든 커튼
바람에 펄럭이며 소리친다

나의 하직은
오늘의 황혼처럼 쓸쓸하게 빛나도 좋아
일생동안 세상에서 받은 상처들이 이렇게
황홀하거나 찬란한 건지 몰랐네

내가 사랑하는 당신을 배경으로
노을이 질 때
사랑한다 말하리

무창포에서

무창포에 가면
바람도 잠잠해져
서해바다 벼랑 끝으로 노을이 지네

노을지는 내내 우는 갈매기
어느덧 어둠이 바닷가에 내리면
혼자 걷는 모래 발소리만 듣고 있네

다 읽은 책 한 권이 텅 비어져서
바닷가 바람 속에서 요란하게 펄럭이네
아마도 이 적막함은
창세기의 첫 장에 적혀 있으리라

불타는 태양의 시절이 없었다면
이 노을지는 황홀함이 있을 수 있을까
열정의 청춘이 없었다면
지금 이 영예로운 시간의 의자에 앉아 있을 수 있을까

지난날은 불심지를 돋우고
지금 눈부신 노을을 그대에게 켠다

골목길

밤새 이야기를 나누고
골목길을 지나오는데
내 구두 소리가 어느 부족의 타악기처럼
내 마음을 울린다

청춘은 이 길로 지나갔고
노년에 뜯어 볼
배달된 택배박스만 가득하다

시간은 개울물처럼 흐르고
어둠보다 먼저 와서 번뜩이는 가로등
하루를 마친 노동자가
종이배처럼 이 길을 지나간다

세상이 나를 길들일 때
지도에도 없는 이 골목길을 걷는다
나를 향해 걷는 이 구두 소리
그래서 안심이다

가을비

어릴적
소꿉친구와 놀던 놀이터
밥 먹어라
엄마 목소리에
얼른 집으로 돌아와서
밥상에 앉았네

친구에게 사랑한다
말도 못하고 헤어졌는데
창문 열고 내다보니
가을비가 내리네
친구와 같이 짓던
모래 두꺼비집만 가을비에 젖고 있네

가을비는
상처 난 낙엽 위로 내리고
이별하는 뒷모습으로 내리고
책상서랍 깊숙이 넣어둔 그리움 속으로 내리네

겨울이 지나고
봄이 찾아오면
친구 집 문을 두드려서 사랑한다 말하리라

가을비 그치면
찾아가서 사랑한다 말하리라

갈대

가을이 오면 들녘에서
갈대는 서서 죽는다

갈대의 영혼이 빠져 나간 저녁
비둘기는 갈대밭을 빠져 나와
푸른 하늘로 날았다

깡마른 갈대는
푸른 하늘의 햇살과 바람에
순종하며 살아갈 뿐

거기서 가을바람이
내 영혼의 손을 잡고
하늘로 간다

속이 텅텅 빈 갈대들이
바람에 한 뼘 씩 흔들리며
자유라는 깃발을 흔들고 서 있다

그 옆에서 나도
우두커니 서 있었다

겨울 강

겨울강에는 아무도 보이지 않네

부러진 나뭇가지와
누군가 무심히 던진 돌멩이 하나
얼마 못 가서 덩그러니 서 있네
어디선가 달려올 것 같은
내 지난날 한 때도 폐선처럼 서 있네

이 쓸쓸한 청춘의 무덤 같은 겨울 강
지난날 물굽이를 달리던 푸른 물 발굽 소리도
꽉 다문 입처럼 아무 말이 없네

내 등을 떠밀고 흐르던 세상의 시간들이여
여기 와서 차 한 잔 하고 이야기를 풀어 놓게나

한때는 영문도 모르고 떠밀려 걸었던 길
흐르다 보니 청춘은 지나갔지
그 지난날의 유적들이 여기 새겨져 있지
시간의 문신처럼 마음에 새겨 넣은 얼음의 표정들

지금 발소리마저 얼어 붙은 나도
한때는 얼마나 찬란한 물결이었는지 생각해 보게
남은 따뜻한 체온으로 안아 줄 사람이
누구인지 생각하고 또 생각해 보게

우리 다시 만날 때까지
내 마음 속엔 겨울 강이 흐르네

위로

지금 우리 헤어져도
다시 만나자는 약속 안 해도
알지 꽃들은
겨울에 표정을 숨기고
봄에 만나는 꽃잎 바람 햇살처럼
우리도 그런 거야
그리움을 키우던 별
상처 난 별이 더 밝게 깜빡이는 거라는 거
알지 별들은
눈물도 네 가슴 속에서
별빛처럼 빛나는 거야
우리 그리워하다 만나자
더 슬퍼하다가
차라리 함께 어느 별자리가 되자

바람의 애상哀傷

바람은 슬프다
더 이상 갈 길을 잃은 발소리들을
모래에 묻는다
갈 곳이 없는 말발굽 소리
잃어버린 깃발이
가슴에서 휘날린다
바다로 가서 돛을 달아라
바람이 너를 알아볼 수 있도록
푸른 돛을 달고
저 바람의 나라로 가 보자

바다에서

지나온 시간은 사실 직선입니다
꾸불꾸불한 길을 걸어서 여기까지 왔어도
내 삶은 저 수평선처럼
평평하고 간결합니다

지나고 보면 길은 직선인데
나만 갈지자로 흔들리며 걸었습니다

바다에 서면
뒷모습은 불안하고 고독합니다
뒷모습이 보이지 않아도
나는 혼자임을 압니다

서로의 외로움을 덮으려고
바다에는 파도가 달려오고 밤은 찾아오는 겁니다

슬프게도 사랑은 흔들립니다
그래서 모른 체 바다에 설 때가 있습니다

아직까지 내 가슴 속에는
사랑할 것이 남아 있습니다
벼랑위에 서 있어도
끝끝내 사랑을 붙잡고 서 있는 나무들처럼

나는 물어 물어
잃어버린 사랑을 찾아서
이 길로 걸어왔습니다

3부

해당화 주변

일상
마당
화분에서 가꾸는 꽃들
이 순간 그 꽃은 그대를 향해 핀다
그 얼굴을 보며
우리는 기뻐하리라
노래하리라

세 가지 선물

어머니
아내
나의 친구
이 세 가지 선물은
이 고된 세상을 사는
저에게 주신 하나님의 보상입니다

어머니는 저를 낳으시고 미소 지으셨고
아내는 저를 기다리며 밥을 짓고
나의 친구는 목숨을 나누며 의리를 지켰습니다

하나님은 제 마음에
미소와
밥과
의리를 불어넣어 주시고
잘 살다 오라고 축복하셨습니다

그러니 이 세 가지 선물이
얼마나 축복인지
밤낮으로 기뻐서 노래합니다

축복

아침에 창문 커튼을 열면
가슴 가득 정원 나무 꽃 바람 햇살의
일생이 걸어 들어온다

이 아름다운 만남보다
큰 축복이 없다

세상은 이토록 경이로운데
나는 지갑 속에 지폐를 세며
하루를 걱정한다

집에 오면
접혀진 눈이 활짝 펴지라고
주머니 속 손수건을 훌훌 털어 펴고
안경을 호호 불어 닦는다

사라짐의 뒤편

그녀와 헤어지고 돌아오는 길
사랑의 순간만 가슴에 남아
미소를 짓게 한다

사라지는 모든 것들은 사랑만 두고 간다
태양은 사라져도 별들이 떠서 빛나고
달은 나뭇가지에 걸려서 내 발길을 비춘다

이별의 뒷모습을 사랑으로 키워라
매일 아침 성경을 읽고 기도하며
내가 죽더라도 그대 가슴에 사랑의 말만 남아서
내 뒷모습을 기억하도록
사랑의 표정을 키워라

이제 뒷모습이 보이면
그대의 사랑이 시작된다

바람의 자리

언덕을 넘는 바람
그곳에 사는 사람들은 상처가 많지
나는 그 바람의 언덕에 서서
오늘도 푸른 하늘에 연을 날리네
내 심장은 한여름 선풍기 프로펠러처럼 뜨겁고
창공에서
연은 바람의 꿈처럼 황홀하지

저녁 노을이 지면
어디선가 종이비행기가 과녁 없이 날아가네
누가 추는 허공의 춤일까
시를 잃고
비틀거리며 집에 오는 길
내 쓸쓸한 마음은 빈 깡통처럼 바람 소리에
들키고 마네
공허한 내 마음이 그렇게 종소리처럼 울리고

발 뒤꿈치로 구겨 신은 신발로
급하게 집에 돌아와 보면

빨래줄에 흰 빨래 하나가 손을 흔들며
바람이 여기서 오늘
조용히 살다 갔다고 전해 주네

안개풍경

안개는 허공에 치는 파도다

시간을 딛고 서 있으면
내 가슴으로 몰려왔다가
우주 속으로 사라진다

공중에서 나부끼는
독립군의 깃발처럼 나부끼다가
마루를 딛는 소녀의 맨발 소리처럼
고요히 사라진다

무슨 말을 하고 갔는지
찾아 보아도
안개 속에 숨었던
내 모습만 강가에 홀로 앉아 있다

그저 안개가 닦아 놓은 창만
더 환하게 반짝인다

삼월

정원에 나가니
벌써 봄인가
목이 길어진 개나리
아니 아직 겨울인가
웅크린 해당화
삼월이 쉽게 잊혀지는 것은
이도 저도 아닌 내 삶 같다
시를 쓰면서도
뜨겁지도 차갑지도 않은
이 마음이 삼월 같다

절제의 신호

어느 날 몸무게가 늘면
조절식을 하며 식욕을 줄이지
그리고 아내의 잔소리에
매일 체중계를 오르내린다네

어느 날 말이 비대해지면
욕정의 체구를 줄이고
교회 언덕을 오르내리지
잠깐 비만하고 거만한 나를
가장 못 견디게 하는 것이 절제지

나는 받아 적는 신의 편지처럼
귀를 쫑긋 세우고
아내 잔소리와
교회 예배당 종소리를 듣는다네

그리고 목표가 이루어지면
푸른 바다가 보이는 맥도널드 창가에서
삼 층짜리 햄버거와 콜라를 노려보다가
낮잠이나 자리라

천국의 메모

나는 죽었다.
내 눈은 모르페우스 신에게 돌려 주게.
꿈 같은 이 세상을 살면서 적어 놓은 나의 시도
전해 주게.
사랑 앞에서 불같이 뛰었던 심장은 니케에게
돌려주게.
세상살이에 지지 않고 승리하여 돌아가노라고.
운명은 괴로웠지만 행복했을 때도 많았네.
그저 내 무덤에는 시인이라고 새겨 주게.
그리고 아무 말도 더 적지 말게.
세상에 이렇게 살다가 가는 것이 축복이라고
늘 믿고 살았네.
내 밝은 표정이 남아 있다면 고아들에게 주게.
아무리 고독해도 웃으며 살라고 전해 주게.
나의 품위 있는 목소리는 벙어리 소녀에게 전해 주게.
순결한 꿈을 이야기하며 살라고.
나의 순결은 히피들에게 나누어 주게.
나의 긍정은 딸에게 주게.
부정적인 말 담지 말라고 전해주게.

나의 신다 남은 신발들은 아프리카 아이들에게 주게.
정글에서 가시에 찔리지 말고 걸으라고.
나의 안경은 서울역 거지에게 전해 주게.
신문을 얼굴에 덮고 읽는 그 지독한 근시를 위해서 쓰라고.
나의 희망은 여름 밤 하늘 별에게 전해주게
혼자서 어두워진 골목을 걷는 사람들의 발길을 비춰주라고.
집 마당에 하얗게 널린 나의 빨래는 바람에게 전해 주게.
이제 갈아 입을 필요 없으니 알몸인 바람의 집으로 삼으라고.
생각해 보니까 나의 집대문은 항상 잠긴 채로 나를 기다렸네.
꽃은 마음을 열고 길에서 살다가 죽었지.
대문을 열고 들어가 나의 정원에 심은 해당화는 친구의 뜰에 심어주게.
평생 나와 함께해 줘서 고맙다고 남은 생은 기쁘게 살다고 오라고 전해주게.

나에게 간혹 찾아온 슬픔은 땅에 묻어 주게.
슬픔은 신이 방치한 실수였네.
아무도 찾지 못하는 곳에 묻고 또 묻게.
나의 정직은 정치가에게 전해 주게.
백성들에게 뻔한 거짓말 하지 말고 살라고.
내게 남은 가재도구들은
가난한 이들에게 전해 주게
거룩한 그대여! 이 메모를 예수님께 전해 주게.
당신의 제자로서 살다가 다 나누어 주고 왔다고.

내 순서

목련 철쭉 백일홍 국화
꽃이 피는 순서가 다 때가 있고
자기 순서가 있네

그대도 그렇네
그대의 때가 되면
하나님이 그대 이름을 부르면
활짝 피어나라
온 우주를 밝히시라

비 바람 눈 속에서
웅크려 있어도
반드시 때가 오는데
지금 조금 추워도 괜찮아

참고 기다리면
그때 순서가 오네
그때 온 하늘을 환히 밝히며 일어서시라

꿈 속에서

꿈 속에서 쓴 시 한 편
잠에서 깨면 잊혀져
암만 생각해도 기억나지 않네

머리 속을 뒤지다
음침한 계곡 사이에 떨어진 신발 한 짝을 보았지
주워서 신어 보아도 맞지 않네
어디에 남은 신발이 절름발이로 걷고 있는지

매일 생각의 한 짝 신을 들고
집으로 돌아오네
남은 한 짝은 다시 꿈 속을 뒤져봐야 할 일이다

어느 날

사람에게 상처 받은 날
달빛이 비추는 내 그림자
집으로 가는 길까지 따라 걷네

편의점에 들러
캔 맥주 하나 새우깡 하나
홀로 앉아서 비우고
보도블록을 뚜벅뚜벅 걷네

나를 기다리는 닫힌 집 대문
마법의 비밀 번호로 꾹꾹 눌러 열고 들어가
피로한 정신을 파묻네

세상은 닫힌 문들이 서서 기다리는 세상
내가 닫고 돌아온 집처럼
그 안은 행복하겠지

오늘 세상 사람들에게
들키지 않은 슬픔을 지우고

거울 앞에 서면
낯선 사내 하나 보이네

혼자

강은 아무리 외진 산 속에
혼자 흐르고 있어도
제 갈 길을 잃지 않고
늘 반짝이며 흘러가네

들꽃은 아무 외진 산 속에
혼자 피어 있어도
슬픈 마음 갖지 않고
일상 웃고 서 있네

산 속에 옹달샘
혼자 맑아서
시름 없이 고여 있네

강, 들꽃, 옹달샘이 바람에 흔들려도
마음이 행복한 건
혼자 사랑하는 법을 아는 게지

혼자 하는 사랑

쓸쓸하고 배고픈 영혼과
미치도록 마주할테다

안개 도시

가을 아침
도시가 안개에 함몰되고
정오까지 이 먼 시간을 기다리는 사람들

유리에 그려 넣은 사랑의 글자가
우리 사랑을 지켜줄 수 없듯이
햇살이 비추면
흔적도 없이 사라져 버릴테니
그대여 안개 속에 숨지 말아요

첫사랑의 맹세를 기억하고
들꽃처럼 그 자리에 피어 있어요

어느 날 최후의 밤이 오면
사람들은 촛불을 켜고
안개가 핀 도시로 떠나요

포구에 가두어 두려고
만드는 배처럼

늘 희망만 품고 사는 등대가
안개 속에서 빛을 삼키고 있어요

태양이 다 탈 때까지
마을 어귀에 나와서
혼자 짖는 개처럼

안개가 핀 도시에
시인이 혼자 시를 짓고 있습니다

문화인생

국민학교 시절 어느 캄캄한 밤
아버지가 사다 주신 색종이 색연필
내 인생 예술의 시작이었네

그 날부터 흑백 상상은 컬러로 열리고
머리 속은 에덴동산 푸른 강이 흐르고
새가 날아 올랐네

고교 시절 학교에서 돌아오니
단칸방 한 구석에
문을 열고 닫는 컬러 텔레비전
덩그러니 놓여 있었네

그 후 매일 컬러로 수사반장을 보며
웃으면 복이 와요 후에
이 세상이 얼마나 악한 지 보고 말았네

세상을 실감나게 살며
눈빛을 열고 닫았지

아 아득한 우주 저 끝처럼 아련 했었네

오늘 아이에게 아이폰을 사다 주었네
이런 내 어릴 적 꿈이 더 선명해지네

보고싶다 비화悲花

대학시절 문학 동인반에서 만난
시인 비화는 의대생이었는데 학교 앞
하숙방이 어찌나 좁았던지 책으로 가득 찬 방을
내게 내어 주고 몰래 밖에서 혼자 잔 적도 많았네
그 때 처마 밑에서 부르는 노래를 들었었는데
어찌나 행복해 하던지
웅덩이에서 라는 괴상한 시를 썼는데
대학병원 의사친구를 찾아 다니며 시를 팔아
술을 사고 밥을 사서 살았네
어찌나 술을 많이 마시던지
소주 10병은 하룻밤 사이에 다 마시고
학교 벤치 위에서 자며 이데올로기를 논하며
군사정치에 증오를 키우며 시를 썼지
시를 쓰다 밤을 지새우고
엉클어진 머리로 내게 와서
가슴 시린 눈물을 흘렸네
우리는 세상과 타협하지 않고 살 수 있을까
내가 시를 의심하고 문학을 의심하고 있을 때
자기를 죽이고 밤하늘 별빛 아래에서 시를 쓰던 그

어느 날 호수다방에 앉아서
남 몰래 흐르는 눈물을 듣고 있었는데
까만 바바리코트에 몸을 묻고 나타난 그는
오랜만에 시를 썼다고 내게 읽어 주었지
웅덩이에서 였는데 얼마나 우울하고 광적이었는지
그 시를 마지막으로 주고
세상으로 어리숙하고 느린 걸음으로 떠났네
이 세상에 단 한 사람 시인이라고 생각했었던 그가
오늘은 미치도록 보고 싶네

대나무숲

주저 앉고 싶을 때는 대나무 숲으로 가자
가시가 발바닥을 찌르고 힘센 아픔이 찾아와도
늘 곧은 꿈 꾸며 무릎 꿇지 않는 나라
아픔이 발자국이 되고
고집이 길이 되는
서늘한 대숲 하늘가에 성장의 눈금이 자라고
바람은 정수리까지 저희들의 욕망을 밀어 올리지
영롱한 등잔 불빛을 다는 천국까지 꿈이 자라네
아 높은 곳으로 가기 위해서
그대들은 얼마나 많은 매질을 스스로 해야 하는지
공허한 마음에 적어 놓은 글을 읽으며
달은 뜨고 새는 날아온다
단소가 왜 대나무 통 안에서 소리를 키우는지
바람이 그 이유를 열심히 받아 적고 있지
이 터질 듯한 공허함은 무엇인가
일생 마지막 때까지 지지 못하고 싸우고 있는 이 결심
이리 저리 피하는 것이 아니라
바람에 몸을 맡기어도 끝까지 싸우고 있는 거지
혼자 걸으면 대나무 숲 바람도 다 내 가슴으로 맞네

칼을 주지 말고
죽창을 쥐어 주고 싸우는 어느 혁명가
그대 때문에 늘 마음이 가난한 사람이 행복하다는
말씀을 믿어야지
그래 주저앉고 싶을 때 대나무 숲으로 가자

낙엽

바람이 분다
세상에서 세상 밖으로
죽음 없이 이 땅과 이별할 수 있는 것은 없다

여름날의 열정이 식으면
나뭇잎은 단풍이 들고
땅 끝으로 낙엽이 되어 떠난다

세상 밖에선 모두 바람으로 만난다

젊은 날의 아쉬운 열정들을 내려놓고
가벼워져야 떠나는 낙엽들

단 한 번도 활활 태워 가벼워지지 못하고
사는 나

얼마만큼 태워야 가벼워지는 걸까
세상을 뜨는 낙엽들

해당화 주변

사월
먼 바다를 보며 모래땅 위에 피우는 꽃
그녀의 눈빛을
바지에 문질러서
주머니에 잠시 넣어 두었다
나도 위태롭게 서 있기는 마찬가지다
기다리는 사랑은 그 길로 오지 않고
신비의 커튼 뒤에 숨어서
바람에 향기만 흩날린다
언제 떠날지 모를 이방인처럼
사랑하지 않고도 알을 낳는 바퀴벌레처럼
온기 없는 주머니에 넣은 알처럼
푸석푸석한 하루가 자란다
손이 닿지 않는 뒤편은 더 가렵다
발이 닿지 않는 바다는 더 그립다
씨가 자라지 않는 땅에
바다만 보고 자라는 나무들
꿈 속을 떠돌다
화장만 다시 고쳐 서서 있다

게으름과 열정 사이

별을 품고 뒤척이는 게으름은 힘이 된다
게으름과 열정의 중간지대에서
영혼의 샘물이 솟는다

하루 종일 소파 위를 뒹굴다
대문을 나서는 발걸음이
얼마나 가볍고 명랑한가

웅크렸다 뛰어오르는 개구리
접혔다 뛰어오르는 용수철처럼
이 나태와 열정 사이에
힘차게 별이 뜨고 강이 흐른다

누가 별을 보고 잠든
왕의 게으름을 욕하는가
잠시 벗어 놓은 왕관이 식탁 위에 있어도
당신은 빛나는 왕이다.

그대가 바로 왕이다

이 한낮의 게으름을 즐기시라
내일 떠오르는 우주를 걱정하지 마라

지금 잘못 쏜 화살들이 꽂혀
부르르 떨고 있는 엉뚱한 과녁을
지금 다시 고쳐서 가라
게으름과 열정 사이에서

숯을 보며

사랑이 꺼진 후
아무 온기도 남아 있지 않는 숯처럼
까맣게 타다 남은 마음이
힘을 내서 은하수를 건너가네

우리의 이별은
같은 이불 속에서 등만 돌리는 것과 같네

아무리 편리한 거리 안에
그대가 살아도
이제 그 길로 다니지 않으리
숯처럼 되어 버린 내 마음 들킬까 봐

내가 삼킨 사과 한 알이 숯이 되어도
신에게 쫓기어 나온 에덴동산에서
다시 유혹당하거나 사랑하거나
그 죄가 시커메진 시신으로 징벌 당해도

내 사랑 약해져서 재가 되지 않으리

포기하지 않고 숯이 되리

얼마나 타다 숯이 되는 걸까
사랑을 품고
누구나 참나무 시절을 꿈꾸지

그래서 몸을 때리면
깡깡 소리내며 울고
쿡 찌르면 참았던 검은 피가 흐르네

살구꽃

살구꽃이 핀 것을 모르고
봄을 지나올 때가 있다

문득,
달이 뜰 때 그리운 고향처럼
그대는 늘 가슴 저린
그리움을 데리고 다닌다

고백하건대
살구꽃이 피면
예쁘다는 생각보다
노란 살구 따먹을 생각에 설레었다

살아 보니까
그 꽃이 희망이었는데

지금 나는
그대가 아름다워
희망을 본다

햇살 속에서 빛나는 살구꽃처럼

4부

바람의 꿈

그대의 삶은
꽃으로 핀 축복이다
산 속에서 혼자 있어도
웃으며 피어 있는 꽃
바람에 흔들려도
사랑의 씨를 품고 있는 들꽃
해 달 별 꽃의 영혼이
그대의 집을 찾아 간다
매일 문을 열고 와락 껴 안아라

해 달 별 편지

해 달 별은
자기들이 보고 싶은 곳으로
빛을 비추네
내 사랑도 그리로 가네
밤낮없이 그대를 볼 수 있는 것은
해 달 별이 그대를 사랑하기 때문이네
그대가 눈물을 지우고 다시 웃으라고
별은 눈을 깜빡이고
그대 안의 기쁨의 나무를 키우기 위해서
해는 반짝이고
잃었던 길 찾아 주려고
달은 앞장 서서 걷는 거네
꽃으로 피어서 웃게
그대라는 꽃이 세상에 피어 있음은
실은 어마어마한 축복이네
누구나 자기 꽃송이 찾아
신의 빛을 위해 기도하네
해 달 별 아래에서
그대가 살고 있으니까
안도가 되네

혀

들판에 누워서 생각해 보니
지금까지 살면서
내 육체는 죄를 지배해 본 적이 없네

어릴 적 엄마를 찾았던 혀는
배고픈 검객의 칼이 되어
사람의 마음을 베고 다니지

거짓 순결 고백으로 신을 속일 수 없기에
시를 써서 하늘에 바칠 때가 있지
모두 나를 용서해 달라고

지금 창 밖으로 비가 내리고
꽃들이 비에 젖어서 욕망을 식히고 있네
햇살이 들면 나뭇잎은 다 마르고
안개는 다시 허공으로 사라지네

사람에게 죄를 지우는 비를 내리는 날
침묵의 창세기 1장 1절을 다시 쓰리라

태초에 하나님이 침묵을 창조하시니라

세상 속에서 길들여진 두번째 천성으로
육체의 주홍글씨를 지울 수 없지만
새벽마다 일어나 용서해 달라고
고백하는 회개의 기도를 해야지

육체는 죄를 먹는 입
혀는 죄의 이야기를 꺼내는 통로 지
신에게 들키지 않으려고 혀를 깨물고 참고 있네

늘 처음처럼

늘 처음처럼 당신을 사랑하면 좋겠다
달빛 아래 무릎 꿇고 고백했던 그날처럼
죽는 날까지 당신을 사랑하면 좋겠다

종이꽃을 가슴에 품고서
생화生花를 만들 수 있다고 노래하며
종로 뒷골목 어느 선술집에서 먹었던 시 쓰는 마음
죽는 날까지 변하지 않았으면 좋겠다

처음 마음은 신이 준 순결한 신부의 영혼
믿음으로 내게 손을 내밀던 당신을 위해
한 천년은 종처럼 살고 싶다

창세기를 적던 첫 새벽이
태양을 그런 마음으로 띄웠으리라
황량한 세상 속으로 노을이 질 때
태양은 첫 새벽을 기억하며 붉게 운다

순백의 가슴으로 만났던
그 순간을 잊지 않기 위해서

못질

새로 이사 온 집에
못질을 하는데
달, 꽃 그림 걸어 놓고
쳐다보는데
창 밖에 낮 달은
자꾸 어둠을 찾아 걸어 들어가고
꽃들은 햇빛 쪽으로 몸이 굽고 있네
못질해서 걸어 놓은
달, 꽃의 영혼이
자꾸 자기 집으로 찾아가네
나를 못질해서 걸어 놓은
세상이라는 새 집에
나를 길들이는 호루라기 소리
누군가 나를 걸어 놓고
이리저리 쳐다보고 있네

겨울나라

쉽게 딱딱 부러지는 겨울 나뭇가지들
집을 비우고 멀리 여행을 떠났던 지난 여름처럼
꽃을 비우고 땅 속으로 숨는 영혼들을 본다

앙상한 가지만 남은 나뭇가지 사이로
빙하기처럼 바람이 불고
이 세상 괜히 왔다 가는가 싶은 마음 지우려고
얼른 아이폰 속 청춘사진을 하나 꺼내 본다

겨울, 허공에 대고 호호 부는 입김처럼
세상을 앉혀 놓고 부르는 시 한 편
120킬로 달리는 차창 성애에
손가락으로 쓱쓱 그린 그림 같다

살아남기 위해 숨죽이는 영혼들
지하로 더 깊이 숨은 생각의 잔뿌리들
헛헛한 생각은 모두 지우고
다시 찾아온 겨울에 섰다

대패로 깎은 듯
반듯한 옷차림으로 길을 걷는 사람들
아무렇지 않게
어떤 상처도 없었던 지난 시간들이
이 겨울에 아무 말 못하고 숨죽이며 걷고 있다

벚꽃

벚꽃이 피기 전
삼월부터 나는 설레인다

사월의 벚꽃은
삼월의 설렘보다 덜 황홀하다

모든 걸 이겨낼 것처럼
새로운 시작은 가슴 설레인다

일생 살다가
상처 없이 지는 잎이 어디 있으랴

눈길 한 번 주지 않았던 꽃잎들
수천 수만의 꽃잎이 서러워도
고요히 세상을 뜬다

그대가 그리워 잠 못 드는 밤
너의 뒷모습을 지우는 꽃잎들
바람에 일생을 맡기며 떠나는 길

내일이면
벚꽃처럼 설레이다 잊혀진다
첫 사랑 그대가

바람의 꿈

바람의 꿈은 별이다
바다 위 길 잃은 배들이 별을 뜨는 곳으로
돛을 세우고 힘차게 간다
오늘도 바람처럼 살아도
내 가슴엔 별이 뜬다
바람이 별이 뜨는 바다까지 나를 데리고 걷는다
돛을 달고 떠나는 달이 어디 있으랴
배를 타고 바다를 건너는 별이 어디 있으랴
바람이 별을 꿈꾸며 그곳으로 데려가기 위해서
갈대밭 강가에서
나를 기다린다
갈대를 흔드는 것은 바람이 아니다
자세히 보면 갈대가 바람을 쫓는다
더 높은 세상 별로 가라고
바람의 꿈은 하늘까지 닿는 별이다

기다림

찻집에 앉아 그대를 기다리면
커피잔 안은 고요하고
내 마음도 평화롭다
기다렸다 만나는
그대는 얼마나 반가운가
사랑도 그렇다
시도 그렇다
기다려야 만난다
그래서 홀로 죽도록 고독해도 기다려야 산다
푸른 고래처럼 바다로 헤엄쳐 나간다
나를 견디는 시간은
제일 고통스러워도
가만히 그대 영혼 소리 부는 바람소리를 들으라
그래서 천사의 종은 고요히 고개 숙여 피고
채송화가 소리 없이 담장에서 자란다
터져 나오는 웃음은 참을 수 없지만
눈물은 참을 수 있다
언덕에 앉아 그대를 기다리는 건 얼마나 행복한
일인가

상추

상추를 씻는다

밥상 위에 올린 상추는
얼마나 부요하고 아름다웠던가

상추 씻은 물
툭 툭 털어 내듯
먼지 같은 세상을 털어 내며 살던 시간들

상추 덕분에
가난한 밥상머리에서도
기죽지 않고 살아가는 우리 식구들

우리 어머니
일평생 목구멍에 있었던 말들
차마 하지 못하고
상추를 씻으시며 툭툭 털어 내셨네

숨

늘 부지런히 움직이며 살았는데도
나의 숨소리는 듣지 못해
눈을 감고 귀 기울여 보면
마음의 숨결이 들리네
아무리 숨을 쉬어도
숨의 흔적은 없지
흠이 남지 않지
이 한세상 숨처럼 살다 오라고
해 달 별이 말하네
숨결에 깨는 사랑이 있고
내가 숨쉬는 곳
그 곳에서 꽃이 피어서
꽃이 숨쉬고 있네

꽃아

산 속에
새가 울지 않으면
꽃은 늦게 핀다

밤에도
달은 별빛을 가리지 않고

서로 서로
가리지 않고 피는 꽃아

계절이 바뀌어도
매양 그 자리에서
환하게 웃어 주렴
하늘의 천사가 너를 발견할 수 있게

동백기차

늦게 오는 기차는 있어도
오지 않는 기차는 없네

기차는 늦어도
기다리는 손님을 기어이 역으로 데리고 오네

그대가 그렇다
조금 늦는다고 슬퍼하지 마라

동백이 피듯
반가운 손님이 웃으며 찾아오듯
찬란한 인생이 찾아오리라

조금 늦게 태양이 떠도
겨우내 잠자던 화분을 정원에 내놓고
꽃을 기다려라

퇴근

대문을 들어서면
어머니 밥 먹으라는 소리
세상을 떠돌다 배고픈 아들 발소리
금방 알고
밥부터 먹으라는 그 소리가
그리울 때가 있다

집까지 뻗은 정해진 발자국을
매일 또박또박 밟고서 돌아올 때면
빌딩 위로 노을이 지고
새들도 둥지로 돌아온다

옥수수 수염처럼 자란 하루치 고단함이
내 눈썹에 묻어서 반짝인다

네비게이션에 쓰여진 내 주소도
어느 날은 빈 집이다
아내가 차려 놓은 밥상이
덩그러니 앉아서 비단 보자기에 덮여 있다

집으로 돌아오는 시간
밥부터 먹으라는 소리
가슴 속에 빙빙 맴돈다

숯

얼마나 타다가 숯이 되는 걸까
새카맣게 탄 가슴을 펼쳐 보인다

청춘은 밤에는 태양처럼 뜨거웠고
낮에는 달처럼 황홀했고

결국 재가 되지 못하고
지금 미련만 남았다

사랑한다는 고백도 못하고
혼자 마음 속에서 불타고 있다

까만 피가 혈관을 돌고 있지만
신선한 붉은 피를 받고 싶은 욕망
다시 살아야 한다는 간절함을

나는 안다
사랑이 찾아오면 순식간에
마음을 전부 태우고

차라리 재가 되고 싶은 마음

그래도 우거진 숲의 푸른 나무였었던
그 눈부신 이름을 잊지 않으리

시냇물

변두리
시냇가에 눈이 오면
나는 집으로 돌아가거나
멀리 여행을 떠나는 꿈을 꾼다

돌멩이에 걸려 쉬고 있는 잎사귀들
시냇물과 함께 바다로 가는 꿈을 꾸며
들썩거리고 있다

지금 잠시 머물러 있는
내 몸무게가 너무 무겁다

이 욕망의 몸을 싣고 떠나는 물결이
어디쯤에서나 정신에 닿을 수 있을까

한 번쯤 바다로 가리라 결심해 본 사람은
작은 시냇물에서 꿈을 꾸었다는 것을 안다

시냇물에 달팽이가 살아도

송사리 한 마리가 헤엄쳐 살아도
서로 가슴을 문지르며
멀리 떠나기 전 아침을 기억하며 산다

그대가 그렇다
여행의 꿈
바다
아침이다

고목

갈수기
봄비로도 그대를 달랠 수 없네
바람 속에서 흔들리는 잎
뿌리 채 견디고 있는 것을
지금 나는 아네

상처투성이 몸뚱이와 구부러진 허리로도
봄철에는 꽃을 피우는
고목나무는 심장이 두 개지
수백 년 세월을 견디는 힘
눈부신 꽃을 피우는 힘

묻지 않아도 흐르는 길을 아는 강처럼
어디로 그리움의 가지를 뻗어야 하는지
그대는 아네

시간의 강을 흐르는 소리가
고목나무 나이테에 하나 둘 새겨지고 있네

꿈의 한 켠에서
녹슨 대문처럼 서 있는 내일
꿈꾸며 버텨야 할 이유가 거기 있기 때문이네

녹綠

심지가 곧아도
밖은 녹이 슨다

강철 같은 마음도
밖에서 녹이 슨다

내 마음을 지키는 것은
굳게 맺은 절개가 아니라

매일 맞는 바람 속에서
쉬지 않고 걷는 것이다

강

그대들은 먼저 흐르려고
다투지 않아서 좋네

내 사랑이 더 아름답다고
유혹하지 않아서 좋네

낮은 곳을 향해 가는
마음이 모여서 깊이가 되고

바다에서 만나는
이름 모를 영혼들이여

심연의 중심으로 몰려가는
푸른 정신들을 태우고
돛배는 더 힘차게 달려가네

그 푸른 물결 속을
작은 물고기 한 마리가
더 깊은 곳으로 헤엄쳐 가네

빨래 · 1

빨래는 혼자 마르지 않는다
양말 내복 바지
한 때 세상살이 단짝들 데리고
눈부신 햇살 속 빨랫줄에서
사이좋게 앉아 꿈꾸고 있다

가끔 지나가는 바람에
열정의 한때를 노래하며
춤추고 있다

빨래 집게가 잡고 놓아 주지 않는 꿈
나를 잡고 길들이는 인생도
거기에서 가깝다

비가 오기 전
얼른 빨래를 툭툭 털어 개서
가지런히 준비된 삶의 자리들을
차곡차곡 쌓아 두면

하늘 아래 내 마음은
과녁을 향해
아직 활을 떠나지 않은
화살처럼 부르르 떤다

빨래 · 2

세상 살다
마음 아픈 날
세탁기에 맡기지 못하는
빨래를 한다

어렸을 적 강가에 앉아
방망이로 두들겨서 빼는
어머니의 서러움을
어느 날 나도 닮아서

햇살 고운 날
이 마음에서 나가라고
마당에 앉아 두들겨서
하늘에서 가까운 공중에 넌다

빨랫줄에 걸려 있는
하얀 와이셔츠가
수신호로 하늘가를 가리킨다

하늘은 푸르고
먼저 마른 하얀 셔츠들의 영혼들이
빨래줄이 잡은 목줄을 풀고
어느 천국으로 달아나고 있다

세상 살다
상처 받은 날
누구에게도 맡기지 못하는
마음 속 빨래를 한다

등

손을 뻗어 닿지 않는 등의 가려움을
아내의 손톱으로 긁어 낸다

갈 수 없는 미지의 땅에서
온 편지를
뜯어서 읽는 정오

사실 그 땅이
내가 사는 곳에서 아주 가깝다
하지만 영영 가 닿을 수 없는 곳

그 곳에서도
나의 간절함은 싹을 틔우고 자란다

사실 등을 돌려 앉는 것은
얼마나 잔인한 의식인가

아무도 갈 수 없는 그 곳에서
애절함이 있기에

그 옆에서 사랑하는 사람이 있다

아내의 손톱처럼
시원히 이 가려움을 긁어 달라는 애원

너의 등 너머로
말하지 않아도 보이는
그대의 애절함을 긁어 줄 사람이 있는지
내게 말하여 보아라

어머니의 등

나 어렸을 적
비가 오면
어머니 등에 업혀서
개울물을 건너고
은하수를 건너서
집으로 왔지

길을 가다가
다리 아프다고
칭얼대면
어머니가 미소지으며
앉아서 등을 내미셨네

나는 가던 길 멈추고
푸른 바다 속으로 뛰어들었지

어머니 등 뒤에 뺨을 대고 있으면
따스한 어머니의 체온
아직도 그 체온이

내 뺨에 묻어 있네

아버지를 묻고 오는 날
돌아서는 어머니 등이 울고 있네

어느 날
새우등처럼 굽은 어머니 등을
쳐다보는데 눈시울이 붉어지네

울퉁불퉁 돌밭길 걷다가
뾰족뾰족 가시밭길 걷다가
업어줄까?
미소 지으시며 앉아서 내미시던 등

오늘은 빙빙 집을 돌다가
어머니 등 찾아 동네를 돌다가
그만 눈시울이 붉어지고 말았네

겨울 강 · 2

겨울 강가에
작은 나무배 하나
얼어서 붙잡혀 있네

하늘엔
마음문을 닫고
겨울을 지새는 별, 달, 구름

갈 수 없었던
대륙을 찾아서
언 강을 건너는
말과 사람의 인기척들

눈발 사이로
굶주린 영혼들의 마른 기침 소리가 들리네

아무도 상처를 보이지 않고
두꺼운 외투에 슬픔을 싸매고 있네

당신에게 가는 길이
이렇게 얼어붙어 있어도

그대는 아시나요
얼어붙은 강 밑으로
금빛 잉어를 나르는 것을

늦게 집을 찾는 철새들이
갈대가 걸어가는 길로 날아가네

별, 달, 태양이 다 타는 날까지
내 가슴이 슬픔에 겨워도
이 한 세상 얼어붙은
겨울 강을 끝끝내 건너서 가리라

5부

그리움이 희망에게

그리움이 저물면 지친 삶에 지는 거다
보고 만지고 닿지 않아도
그대 가슴 속 품었던
그리움을 그리워 해야 한다
그리움이 사랑, 눈물로 변신하여
요정처럼
나비처럼
그대의 품에 파고 들 때
우리 희망은 지지 않고 자라리라

종鐘

내 마음 고백하고 싶을 때
사랑하는 그대에게 달려가
종鐘이 되고 싶다

허공에 걸린 종이 되어
이 무거운 침묵을 깨워
네 영혼을 울리고 싶다

일상 벙어리처럼 침묵하고
깨어나면 왕처럼 우렁차게 말하라
종 소리처럼

순결한 날개를 달고
산 속을 다 뒤져서
네 가슴을 울리고 싶다

홀로 있는 그대여
그대에게 가서 종鐘이 되고 싶다

그리움이 희망에게

꽃이 피었던 자리에
햇살이 고여 있다
남은 빛을
나비가 물고 비틀비틀 떠난다

꽃이 피었던 허공에는
구름만 지나간다

국화꽃 핀 고향의
그리움을 알기 위해서는
이별하고
먼 나라로 떠나라

그리움이 있으니
산 위에 달도 수줍게 지나가는 거다

꽃이 피는 희망에
새들의 노랫소리도
그리움에 깊어 가는가 보다

그리우면
희망이 더욱 짙어 간다

들꽃아

들에 핀 꽃들
그 이름 몰라도
제 향기에 겨워 꿈을 꾸네

향기가 익고
햇살이 꽃에 물들면
어느 시인의 방
꽃병에 꽂아 놓겠지

어느 나라에서 왔는지 몰라도
길가에 나와 인사하던 소녀여

우리 서로 이름도 없이
살다가 가는데
이름 하나 불러주고 가야지

바람 속에서 손을 흔들며
상처도 쓰다듬고
잘 살다 오라고 하는데

아마 신의 나라 요정일거야

들판 바람에
벌거숭이처럼 앉아 있는 들꽃아

이름 모를 나무

나무와 나무 사이
서로 틈을 만들어서
오솔길을 만든다

내가 걷는 산길에
이름 모를 나무들도
자기 할 일을 한다

길가에 떨어진 지푸라기도
한때는 푸른 잎을 기르는
작은 나무였을지 모른다

꽃에도 그늘이 있고
달빛도 무리 지어
이 추운 밤을 건넌다

이만하면
내 사는 이유 충분하지 않은가
나무 지푸라기 달 속에

마음의 집을 짓고 살자

내 정원에 나무 한 그루
실은 어마어마한 축복이다

잠을 깨다

책 속의 시들아
잠만 자는가
어서 나와서 사람을 향해서 걸어라

장화를 신고 자는
어느 농부도
꿈 속에서 논밭을 향해 걷는다

노을 속에서
삽을 들고 서 있는 사내가
남은 나무를 마저 심고 있다

잠이 들기 전
꿈을 꾸는 사람들
꿈 속에서 키운 고래 한 마리
푸른 바다에 놓아 주고

산 속을 다 뒤져
잠 든 사자들을 깨워 울리라

책 속의 시들아
어서 일어나 세상을 향해 노래하라

별 강 나무 그리고 꿈

별이 있어서
바다 위에 배들은 길을 잃지 않고
이리저리 노를 저어 간다

그래서 길 잃은 사람들을 위해서
별은 자리를 고쳐 앉지 않는다

강이 있어서
갈대들은 흔들리며 자란다

그래서 강은
늘 가는 길을 고쳐 가지 않는다

삐뚤게 자라는 나무도
다 하늘이 보이는 곳에서 큰다

할 일 못 했다고 후회하지 마
나도 환갑이 넘어도 못 했던 일이 수만 가지
꿈이 밝혀 주는 길로 더듬더듬

그리로 걷는 거야

꿈을 꼭 잡고 있어서
흔들려도 좋아
사랑이 있어서
그래서 나는 오늘 아파도 좋아

바다와 눈물

바다와 눈물은
짠맛이 닮았네

바다 속에서
푸른 고래는 자라고
눈물 속에서
인생의 나무가 커 가지
다 짠맛이 기르는 힘이다

지나온 세월을 돌아보면
나를 키운 눈물들이
바닷가에 가서 떨어져 있네

그래서 바다는
그 눈물들을 지우려고
파도를 치지

바닷물 아래 가라앉은
슬픔이라는 배 한 척

그 속에 잠든 고래 한 마리
햇살 고운 수면으로 올라오네

쪽빛 바다가
눈물 속에서 그렁그렁하네
어디에서 이 눈물 다 삼키고
다시 오던 길로 돌아가려나

이사 가는 날

십 년 넘게 살았던
답십리집 이삿짐을 다 싸고
짐들이 있었던 자리를 바라본다

열두 자 장롱이 있던 벽이
이사 오던 날 첫 도배지처럼
환한 시선으로 나타난다

그때 도배를 하며
마음 먹었던 결심도
여기서 뿌리를 내리지 못하고

쉽게 비운
소파
책장
침대 자리들

내 삶의 가난한 밭에 떨어진
민들레 씨앗의 가벼움만큼

허공을 맴돈다

나도 그렇다
아무렇지도 않게 잠시 앉았던
공원 벤치에서 일어나
먼지 툭툭 털듯 새 장막(帳幕)으로 떠난다

집 없이 떠도는
이십일 세기 유목민처럼

닻을 내려라

바다를 항해하는
이 세상 모든 배에는 닻이 있다
하물며 바다 위를 떠다니는 공항空港이라 하는
태산만한 항공모함에도 닻이 있다

항구에 닿으면
배가 표류하지 않게 팽팽하게 지키는 닻
닻을 내리지 않는 배는
작은 바람
작은 파도에도 밀려서 다시 바다로 떠내려간다

육지의 푸른 잔디밭도
그냥 가만 내버려 두면 잡초밭이 된다
그러니 잡초를 뽑고
죽은 잔디를 파내고
다시 파릇한 잔디 싹을 심어야 한다

이 세상에서
그냥 가만히 놔둬도

끝끝내 살아 남는 결심은 없다

만일 그대의 굳은 결심으로
어느 깊은 바다를 건너 신대륙에 닿는다면
어서 닻을 내려라

결단으로 항구를 찾아갈 수는 있지만
배가 떠내려가지 않게 지키는 것은
결단이 아니라 매일 마음을 지키는 닻이다

세상 모든 배에는 닻이 있다
내 마음 속에도 깊은 바다에 던지는 닻이 있다

눈물을 향하여

참지 못하는 눈물이
먼저 떨어지지
평생 그리움을 참고 살기에
그리움이 먼저 눈물이 되네

사막을 건너는 낙타도
마두금馬頭琴 켜는 소리에
사랑을 참지 못하고
눈물을 흘린다네

아무리 세상이 사막처럼
황폐해져도
사랑을 잊지 말고 살아야지
눈물을 잃지 말고 살아야지

때론 가슴 속에 쌓인 절망을 지고 가기에
그 짐이 제일 무겁지
그래서 눈물로 비우고 간다네

일상의 가벼움은
눈물이 되지 못하고 먼지처럼
공중에서 흩어지네

눈물로 직진하는 슬픔들

내 가슴에 눈물이 마르면
그리움이 마른 거다
내 눈에 눈물이 차지 않으면
사랑이 마른 거다

눈물이 떨어진 자리에 꽃이 피네

낙타처럼 무릎을 꿇고서
사랑하는 그대를 등에 태우고
사막을 건너네
사랑아 나를 떠나지 말아라
눈물아 나를 떠나지 말아라

바람과 신발

바람이 신고 가려다
마당에 나뒹구는
신발 한 짝

바둑이가 물고 들어와
이제 짝이 맞아서
내가 신고 나가네

바람이나
나나
허공만 걷다 돌아오는 하루

집에 돌아와
다듬잇돌 위에
신발 한 켤레 벗어 두네

아까 그 신발
산 넘어 떠나는
바람이 신고 가라고

◆평설

미토스의 언어,
그리고 새로운 삶에의 전개

윤 석 산
(시인, 한양대 명예교수)

1

 아리스토텔레스는 그의 유명한 『시학』이라는 저술에서, 철학은 기본적으로 로고스를 바탕으로 기술되는 것이지만, 로고스만으로는 기술할 수 없는 세계 또한 존재하고, 따라서 로고스로만으로는 설명할 수 없는 세계를 기술하기 위해서는 미토스(Mythos) 또한 필요하다고 하였다. 즉 논리적이고 사색적인 기술에 로고스는 필요하지만, 이 논리적이고 사색적인 면을 벗어난, 정서의 세계를 기술하기 위해서는 미토스를 사용해야 한다고 했다.
 옳고 그름이라는 진위를 판단하기 위해서는 무엇보다 이성이 필요하다. 그러나 어떠한 사실을 좋아

하느냐 미워하느냐를 구분하는 감정의 문제는 그 차원이 다르다. 앞에 것은 객관적 사실의 영역을 다루는 로고스의 언어가 된다면, 뒤의 것은 주관적인 진실을 노래하는 미토스의 언어이다. 따라서 로고스는 삶을 분석하지만 미토스는 그것을 통합한다. 분석적이고 냉정한 로고스에 비해서 미토스는 직관적이고 열정적이고 유아적이다.

서정이란 이런 미토스의 언어로 감정을 풀어내는 일이다. 우리가 사는 현대는 그 겉으로 보면 합리성에 의한 듯이 보인다. 합리적인 제도와 사유에 의하여 모든 사회조직이 이루어졌고, 그 합리적인 제도와 사유를 근거로 하여 우리들은 살아가는 듯하다. 그러나 이러한 겉껍질을 벗겨버리고 잠시 그 속을 들여다보면, 매 순간 순간, 좋아한다, 싫어한다, 사랑한다, 혐오한다 등의 감정들이 우리들 삶 속에 무수히 점유되고 있음을 볼 수가 있다.

좋아한다, 싫어한다, 사랑한다, 혐오한다 등의 감정은 매우 중요한 삶의 요소이지만, 삶의 합리적인 향방을 정할 때에는 제외되기가 십상이다. 현대라는 사회로 올수록 이러한 문제는 더하다. 따라서 어떤 의미에서 현대는, 현대적 삶은 합리의 벽에 갇혀있다고 하겠다. 그러나 이 벽을 뛰어넘는, 그러한 곳에는 가늠할 수 없는 광활함이 자리하고 있다. 이성은 이 벽을 결코 넘지 못한다. 이성 그 자체가 합리성을 근거로 하고 있기 때문이다.

이 합리의 벽을 넘어서는 힘이 미토스, 즉 서정성이다. 서정성의 대표가 바로 시이다. 이런 의미에서 서정을 바탕으로 하는 시는 무한한 지평을 자유자재로 넘나든 힘을 지녔다고 해도 과언이 아니다. 상상력이라는 무한의 사유와 함께 시는 다양한 표현양식을 지닌 채 전 영역으로 확대된다. 따라서 현대시는 다양한 양식과 세계, 그리고 표현방식 등을 지니고 있다. 매우 극명하고 간명한 선(禪)의 세계를 노래한 시에서부터 이해하기조차 어려운 난해시에까지 그 영역은 매우 넓다. 따라서 이 다양한 현대시는 어느 의미에서 다양한 현대를 보다 다양하게 체득하게 하는 중요한 예술이 되고 있는지도 모른다.

2

이창봉은 자신만의 독특한 상상의 세계를 펼쳐 시적 문장을 만들고, 또 시적 세계를 이루어 놓는다. 예를 들어 사물의 합리적 세계를 과감히 떨쳐버리고 사물의 내면에 자리하고 있는 그 사물의 내포적 본질을 찾아내, 이 본질을 바탕으로 무한한 시적 상상의 날개를 펼친다.

밥은

얼마나 아름다운 안부安否인가
수수깡처럼 마른 내 영혼을 깨운다
할머니
어머니
아내
내 밥 안부가 궁금해 물어 오면
밥을 먹지 않아도 힘이 난다
안부는 생명을 걱정하는 글
가까이 있어도 그게 늘 궁금해야 한다

「밥은」 전문

"밥은 / 얼마나 아름다운 안부安否인가."라는 과감한 시의 첫 구절에서부터 우리는 이창봉 시인의 폭넓은 상상을 바탕으로 하는, 신선한 시적 충격을 만난다. 우리네 인사법 중에 빠질 수 없는 것이 있으니, 밥이다. "진지 잡수셨습니까." 우리의 어린 시절 동네 어른을 만나면 으레 드리는 인사말이다. 오랜만에 만나면 어른들은 걱정스런 표정으로 "밥이나 먹고 다니냐?"라고 안부를 묻는다. 이렇듯 '밥'은 우리의 따뜻한 안부이다. 이러한 인사말은 살아 있는 안부로, 이를 듣는 우리의 영혼을 훈훈하게 해 준다. 그래서 이 안부는 실제로 밥을 먹는 것과도 같이 절로 힘을 나게, 때로는 뜨거운 눈물을 흘리게 하는 안부가 된다.

이창봉 시인은 '밥'이 지니고 있는 일상의 의미를 벗어나, 밥이 지닌 내연적인 본질을 찾아내 시의 언어로 노래하고 있다. 그래서 '밥'은 때때로 할머니, 어머니, 아내의 정겨운 안부가 된다. 나아가 이러한 안부는 생명을, 삶을 걱정하는 참으로 따듯한 마음으로 우리에게 다가온다.

이러한 예는 다음의 시에서도 확인할 수가 있다.

2021년 겨울
이발소 옆 버거 집에서 버거를 먹는다
상추와 새우 패티가 빵 사이에 끼어 있다
패티가 없었다면 이 버거는 얼마나 쓸모 없는가
마치 별이 없는 밤하늘처럼 글과 글 사이에 한숨과
눈물이 끼어 있다.
내 인생에서 제일 허기졌던 한 시절도 거기 끼어 있다
버거를 한 입 베어 물면 배고픔이 한 입만큼 사라졌다
얼른 허기를 채우고 싶은 욕망과 빨리 충만을 누리고
싶은 욕심이 버거 집에 있었다

나는 허기와 충만 사이 어디쯤 걷고 있을까
생각한다. 버거 집을 들어서면 시계는 정확히
점심 시간을 가르키고
창문 밖에는 내 허기를 구경하는 사람들이 오고 간다
식사를 마치고 버거 집을 나서면 햇살이 무대 위

조명처럼 나를 비춘다 생각한다

하루 중 제일 소중한 한 시절을 그렇게도 빨리 들리고
돌아와서 누운 저녁.
브레히트의 시처럼 쉽게 쓴 시가 위로를 줄 때가 있다
쉽게 절망을 달래고 탈주한 청춘
버거 집에서 한 끼를 때우는 청춘
호프 한 잔으로 미개함을 달래던 일생
아 그 짧고 모자랐던 순간들이여
가장 가벼운 한 끼 아무리 먹어도 키는 크지 않는다.

죽는 날까지 시를 쓰기로 다짐했던 짧고 가난했던
나의 청춘시절
성냥불처럼 켜고 꺼지는 길들
더듬거리며 찾아온 이발소 옆 버거 집

「버거 집 엘레지」 전문

젊은 시절 가난과 그 가난 속에서의 절망, 절망을 지닌 채 방황하던 시절은 대부분 우리들이 겪었던 시절의 한 부분이다. 그러나 젊은 시절의 가난과 허기, 그리고 절망은 다만 가난이나 허기가 아니었다. 이 헛헛한 삶의 허기를 채우고 싶은 또 다른 욕망이 우리의 내면에 자리하고 있었으며, 그러므로 이러한 가난했던 생애는 어쩌면 우리 삶에서 빼놓을 수 없는 소중한 시절이 되기도 한다.

이 가난하고, 그러므로 허기와 절망 속에 보내던 시절의 소중함을 이창봉은 버거에 빵 사이에 넣어 먹는 패티로 상징화한다. 만약에 버거 빵 사이에 상추와 새우 패티가 없다면, 그 버거는 얼마나 밋밋한 맛의 버거가 되겠는가. 이와 마찬가지로 우리 삶 속에 젊은 시절의 가난이나 절망이 없었더라면, 우리의 삶이 얼마나 밋밋한 삶이 되었겠느냐고 시인은 항변한다.

그래서 마치 버거 빵 사이에 끼어 있는 패티 마냥, 내 인생에서 제일 허기졌던 한 시절도 거기 끼어 있고, 글과 글 사이에 한숨과 눈물이 끼어 있다고 노래하고 있다. 상추와 새우 패티 마냥 내 생애의 아픈 시절에 끼어 있으며, 나를 다만 가난과 허기가 아닌, 보다 충만했던 욕망의 웅크린 몸짓으로 이끌었던 제일 소중했던 한 시절을 다시 곱씹는다.

죽는 날까지 시를 쓰기로 다짐하던 짧고 가난했던 그 청춘시절의 열정으로, 비록 어둡고 긴 길이지만, 힘겹게 성냥불 켜고, 꺼져가는 길을 더듬거리며 찾아온 이발소 옆 버거 집 마냥, 이러한 젊은 날의 삶에의 성찰이 이창봉 시인으로 하여금 시를 쓰며, 평생을 살게 한, 그러한 힘이 되지 않았나 생각된다.

버거와 패티라는 일상에서 쓰이는 사물을 다만 '맛'이라는 일상의 의상을 벗어버리고, 이를 상징화하고 시적 언어로 이끌어내고 있다. 이에서 우리는 이창봉 시인의 시인으로서의 역량을 발견할 수 있는 것이다.

어둠이 쌓이면
달동네 집들이 불을 켜고서
창을 번뜩이며 하나 둘씩 나타난다

성聖스러운 하루 일을 끝내고
돌아오는 가족들에게
길을 잃지 말라고 알려 주는 찬란한 등대처럼

사람들은 하루치 햇살 속에서
옥수수 수염처럼 자란 정신을 쓰다듬으며
한강 다리를 건너온다

당신의 못 이룬 꿈들이
포세이돈 기둥처럼
앙상히 서 있는 도시

수많은 빌딩들이 공룡처럼
등 뒤 어둠 속에 서 있다

목숨을 걸고 지켜온 집 한 채
이력서에 쓸 수 없는 그 숫자는
이 짧은 인생의 보상

멀리서 뜨는 별들도
저녁이 되니까 제자리에 와서 앉는다

매일 밑줄 치며 읽는 책처럼
달빛 아래서만 길을 잃지 않고 찾아 가는
집, 밤

「밤 풍경」 전문

   우리의 삶이란 어떠한가. 매일 정해진 일정한 시간에 일어나 간단한 요기를 하고 집을 나선다. 집을 나서서는 자신에게 주어진 일을 해 나가며 하루의 일과를 보내고, 친구들과 만나 이런저런 이야기와 몇 잔의 술을 나누다, 어둑어둑한 밤길을 헤치며 집으로 돌아온다.
   이런 우리의 일상은 거의 비슷하게 반복된다. 그런가 하면 직장에 매달려 우리는 허둥대며 하루하루를 보낸다. 쉬어야 하는 공간인 집으로 들어와서도 이는 마찬가지이다. 이렇듯 반복되는 생활을 하다 보면, 언젠가는 때때로 이 틀을 벗어나고 싶어지

기도 한다. 그러나 이러한 허둥대는 일상 속에서 돌아와 쉬어야 하는 '집'은 어쩌면 참으로 소중한 우리의 공간이 아닐 수 없다.

어둠이 내리고, 집들이 하나 둘 불을 밝히고, 그리하여 집의 창들을 번뜩이며 하나 둘씩 어둠 속에 나타난다. 사람들은 자신에게 부여된 참으로 성(聖)스러운 하루의 일을 끝내고, 가족이 있는 집으로 돌아온다. 그러면 어둠 속 나타나는 집들의 불빛, 그 창들은 길을 잃지 말라고 알려 주는, 우리들을 따듯함으로 안내하는 찬란한 등대처럼 우리를 이끌고 있다.

이 시에서 '집'은 단순한 집이 아니다. 이력서에 쓸 수 없는 우리 짧은 인생의 보장이며 그 숫자이다. 그런가 하면 매일 밑줄 치며 읽는 책처럼 달빛 아래에서도 길을 잃지 않고 찾아가는, 우리의 소중한 무엇이다. 이렇듯 이창봉 시인은 '집'이라는 일상의 언어를 자신의 소중한 삶이며 우리 모두의 소중한 귀의처로 바꾸어 시적 전개를 해 나가고 있다.

3

이창봉 시인이 추구하는 시적 세계는 어떠한 것인가. 나름대로 이창봉 시인의 이번 시집을 읽으며 만나게 되는 세계는 큰, 거대 담론이 아니라, 흔히 우리가 살면서 스쳐 지나치기 쉬운 그러한 미세한 세계임을 알 수가 있다. 미세함은 어느 의미에서 미묘함을 동반한다. 미세하고 또 미묘하므로, 우리가 흔히 등한시하거나 놓쳐 버릴 수가 있는 그러한 세계를 이창봉 시인은 놓치지 않고 시의 세계로 형상화시킨다.

어느 의미에서 시인이란 존재는 바로 이러한 세계에 관하여 민감한 사람이다. 남들이 그저 무심히 생각하거나, 그러므로 놓쳐 버린 세계를 끌어내어, 우리의 잊어버린 기억, 우리의 잃어버린 세계를 환기시켜 주고 또 그러함으로 신선한 깨달음을 주는 데에 시의, 나아가 시인의 그 가치가 있다고 하겠다. 다음의 시들이 이러한 이창봉의 시적 세계를 잘 드러내 주는 작품들로 생각이 된다.

남의 짐을 지고 사는 김씨
21세기만 아니었다면
제 값을 부르고 살았을 텐데
공치는 날이 많지만
버릇처럼 지게를 메고 경동시장으로 온다

나도 그렇다 아무 일 없어도
내 길 잘 걷고 있는 지
버릇처럼 경동시장에 온다

길을 잃지 않기 위해서

어머니 손 잡고 걸었던
그 때가 그리워 경동시장으로 온다

겨우 시금치 한 단 사더라도
걷다가 때로는 길을 잃더라도
경동시장에 오면 밝아지는 마음
든든하고 따뜻했던 어머니 손
거기에 그 추억의 힘이 있다

「경동시장에서」 전문

경동시장은 청량리 인근 제기동에 있는 재래시장이다. '서울의 동쪽 지역'에 있는 시장이라고 해서 '경동(京東)'이라는 이름을 얻은 듯하다. 아마도 이창봉 시인은 이 인근에서 어린 시절을 보낸 모양이다. 그러므로 경동시장은 시인에게 있어 그리운 추억이 자리한 지역이다.

그래서 시인은 아무 일이 없어도, 내 나의 길을 잘 걷고 있는 지, 버릇처럼 경동시장을 찾아온다. 그곳 경동시장은 길을 잃지 않기 위해서 어머니와 함께 손잡고 걸었던 그런 곳이다. 나이가 들어 어른이 되어도, 손을 잡아줄, 그래서 세상의 길 잃지 않고 갈 수 있는, 아, 아 어머니. 시인은 그 때가 그리워 경동시장으로 온다고 노래하고 있다.

어찌 보면 이러한 세계는 지극히 개인적이며, 또 지극히 작은 그러한 삶의 일부이다. 그러나 어쩌랴! 이러함이 진정 우리의 삶, 우리의 살아가는 모습이며, 어느 무엇보다 소중한 것이 아니겠는가. 이창봉 시인은 아주 미세하고, 그래서 자칫 우리가 놓쳐버리기 쉬운 삶의 소중한 부분을 이렇듯 시의 세계로 이끌며, 우리의 잃어버린 세계를 보여주고 있음을 볼 수가 있다.

> 새벽에 잠이 깼다
> 도마 위 등 푸른 생선이 푸드득 몸서리치듯
> 아직 잊지 못할 한낮의 설렘이 잠을 흔든다
> 밤엔 스스로 침대에 나를 가두고
> 하루살이처럼 누웠다
> 불면은 그 죽은 사상을 흔들어 깨운다
> 까마득히 깊은 지하로 내려가
> 갱도에 갇힌 광부처럼
> 구조만 기다리는 생명을
> 건져 올린 그 힘은 무엇인가
> 그날 세상의 죄를 마저 회개하고
> 다시 잠들라는 신의 계시인가
> 무슨 죄 때문일까
> 궁금해서
> 뒷짐을 지고 꽃피는 사과나무 근처를 서성인다
> 「어느 불면不眠」 전문

불면의 시간은 때때로 우리들로 하여금 우리를 힘들게 한다. 뒤척이며 잠이 들지 않아 뜬 눈으로, 활짝 갠 의식으로 이 생각 저 생각을 오가며 보내야 하는 밤. 그러므로 '불면'은 시인으로 하여금 "도마 위 등 푸른 생선이 푸드득 몸서리치듯 / 아직 잊지 못할 한낮의 설렘"이 된다. 도마 위에서 이내 날카로운 칼날을 받아야 할, 그 몸을 푸드득 떠는 '몸살에' 불면은 때때로 우리를 엄습하는 신선함이며 두려움이 된다.

그래서 불면은 스스로 침대에 자신을 가두는 것이라고 노래한다. 그리하여 문득 죽은 사상을 흔들어 깨우고, "까마득히 깊은 지하로 내려가 / 갱도에 갇힌 광부처럼 / 구조만 기다리는 생명"마냥 절박하게 우리에게 다가옴을 시인은 깊이 공감한다.

그러나 불면은 다만 우리를 신선함과 두려움, 나아가 절망의 구렁텅이로만 내모는 것이 아니다. 불면의 시간은 "그날 세상의 죄를 마저 회개하고 / 다시 잠들라는 신의 계시인가."라며 자신을 진지하게 돌아보는, 그러한 시간이 되기도 한다. 그러므로 "무슨 죄 때문일까 / 궁금해서 / 뒷짐을 지고 꽃피는 사과나무 근처를 서성"이는 우리 삶의 또 다른 성찰의 시간이기도 하다.

이창봉 시인은 '불면'이라는 한 현상을 다양하게 변주하며 시를 전개시켜 나가고 있다. '신선함과 두려움'으로, 때로는 '견디기 힘든 절망'으로, 그러나 마침내 뒷짐을 지고 꽃이 피는 사과나무 근처를 서성이며, 자신의 원죄를 깊이 생각하게 하는 그런 시간임을 시인은 노래하고 있다.

> 손을 뻗어 닿지 않는 등의 가려움을
> 아내의 손톱으로 긁어 낸다
>
> 갈 수 없는 미지의 땅에서
> 온 편지를
> 뜯어서 읽는 정오
>
> 사실 그 땅이
> 내가 사는 곳에서 아주 가깝다
> 하지만 영영 가 닿을 수 없는 곳
>
> 그 곳에서도
> 나의 간절함은 싹을 틔우고 자란다
>
> 사실 등을 돌려 앉는 것은
> 얼마나 잔인한 의식인가
>
> 아무도 갈 수 없는 그 곳에서
> 애절함이 있기에

그 옆에서 사랑하는 사람이 있다

아내의 손톱처럼
시원히 이 가려움을 긁어 달라는 애원

너의 등 너머로
말하지 않아도 보이는
그대의 애절함을 긁어 줄 사람이 있는지
내게 말하여 보아라.

「등」 전문

'부부'는 천상의 인연이다. 자신의 등을 보여주며, 그 등을 긁어 줄 사람은 이 세상에 부부 이외에는 없다. 그래서 '늙으면 서로 등 긁어 줄 사람'으로, 부부는 이야기된다. 손을 뻗어도 닿지 않는, 그래서 갈 수 없는 미지의 땅과 같은 '등'. 이 등을 긁어 주는 것을 시인은 "갈 수 없는 미지의 땅에서 / 온 편지를 / 뜯어서 읽는 정오"라고 담담히 노래하고 있다. 부인이 자신의 손이 닿을 수 없는 등을 긁어 줄 때, 이는 마치 우리가 갈 수 없는 그런 미지의 땅에서 온, 호기심과 기대가 넘치는 그런 편지를 읽는 한가로운 정오와 같이, 그러한 부부 간의 사랑의 마음이 잔잔히 퍼지고 있다고, 시인은 노래한다.

부부는 그런 사람이다. '아무도 갈 수 없는 그러한 곳에' 자리하고 있는 존재. 그러하므로 '애절함이 있기에' 비록 '그 옆에 자리한 사람이지만' 사랑하는 사람이 되고 있는 그러함. 우리는 나이가 들어갈수록 '시원하게 자신의 가려움을 긁어 줄', 그럴 '아내의 손톱'이 필요하다. '등 너머로', 말하지 않아도 우리 서로의 '애절함을 긁어 줄 사람'이 절실히 필요한 것이다.

이창봉 시인은 매우 감수성이 예민한 시인이다. 그러므로 이렇듯 예민한 감수성으로 자칫 우리가 놓치거나 지나치기 쉬운 세계를, 그 세계의 면밀한 순간을 포착하여 한편의 시로 직조해 내고 있다.

4

이창봉 시인은 사물의 내포적 본질을 직관으로 바라보고, 직관적이고 또 열정적 미토스의 언어를 통해 시적 이미지를 만들어 내고, 나아가 풍부한 상상을 통해 시적 울림을 극대화하고 있는 시인이다. 이러한 시적 표현력에 의하여 이창봉 시인의 세 번째 시집은 그 위상을 지닐 것으로 사료된다.

나아가 시적 세계는 매우 미세하며 섬세한 삶의 문제에 천착되어 있다. 따라서 이러한 시적 세계가 이창봉 시인의 미토스의 언어와 만나, 더욱 시적 가치를 더 하고 있음을 볼 수 있다. 그러므로 이창봉 시인의 시를 읽게 되면, 우리는 사전적 의미를 뛰어넘어서, 우리가 관습적으로 알고 있는 의미를 벗어나, 새로운 세계를 만나게 된다. 이러함은 곧 일상화된 삶에 충격을 주어 사물, 사실과의 신선한 만남을 이루게 하는, 현대시의 중요한 기법인 '낯설게 하기'의 한 모습이기도 하다.

이창봉 시인은 계속해서 언어를 통해 자신의 삶을 반추하며, 새로움을 만날 수 있는 세계를 향해 상상의 날개를 펼 것으로 기대된다. 그러므로 시를 읽는 독자들로 하여금 새로운 삶과 세계를 정서적으로 경험하게 할 것으로 기대 된다.

순수시선 665

위로慰勞

이창봉 지음

2023. 6. 15. 초판
2023. 6. 20. 발행

발행처 · 순수문학사
출판주간 · 朴永河
등 록 제2-1572호

서울 중구 퇴계로48길 11 협성BD 202호
TEL (02) 2277-6637~9
FAX (02) 2279-7995
E-mail ; seonsookr@hanmail.net

· 저자와의 합의하에 인지를 생략함
· 잘못된 책은 바꾸어 드립니다

ISBN 979-11-91153-49-1

가격 15,000원